GUIDE COMPLET

DE

LA DANSE

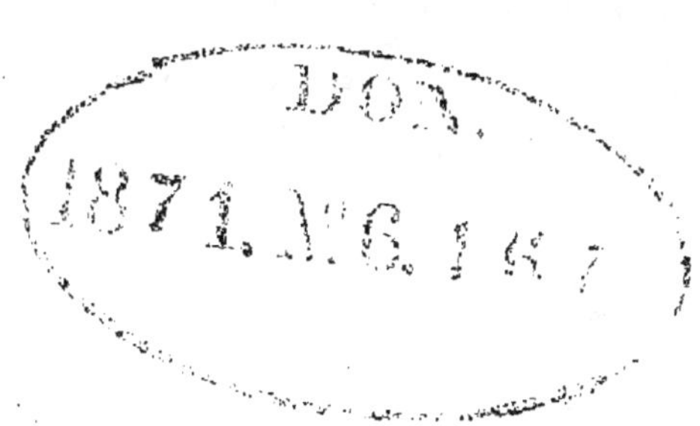

LIBRAIRIE DE JULES TARIDE

PETITE BIBLIOTHÈQUE ROSE DES SALONS

NOUVEAU GUIDE COMPLET DE LA DANSE, par M. GAWLI-
KOWSKI, professeur de danse. 1 vol. in-18, avec grav. 1 fr.
MANUEL DU CAVALIER, suivi d'un traité d'hippologie, avec
figures. 1 vol. in-18 . . . . 50 c.
L'ART DE NAGER en mer et en rivières, appris sans maître,
par DUFLO. 1 vol. . . . . 50 c.
CODE DU DUEL, suivi d'un traité d'escrime, par PONS. 1 vo-
lume in-18. . . . . 1 fr
LE CANOTAGE EN FRANCE, par les membres de la *Société
des Régates parisiennes*. 1 beau vol. in-18 . . . . . . 1 fr
DE L'USAGE ET DE LA POLITESSE DANS LE MONDE, par
Mme la baronne DE FRESNE. 1 vol. in-18 . . . . . . 50 c.
NOUVEAU GUIDE POUR SE MARIER, par la baronne DE FRESNE,
suivi du Manuel des parrains, etc. 1 vol. in-18 . . . 1 fr.
PETITE HYGIÈNE DU MARIAGE, par le Dr CLÉMENT. 1 vol. 1 fr.
LE MÉRITE DES FEMMES, poëme, par GABRIEL LEGOUVÉ. 1 joli
volume . . . . 50 c.
NOUVEAU LANGAGE DES FLEURS, par Mme la baronne DE
FRESNE. 1 vol. in-18, orné de 48 gravures coloriées . . 1 fr.
L'AMOUR EN CHANSONS. Chants de tous les pays, par J. AN-
DRIEU. 1 vol. in-18. . . . . 50 c.
GRAMMAIRE DE L'AMOUR, à l'usage des gens du monde, par
A. VÉMAR. 1 vol. in-18. . . . . 50 c.
NOUVEAU DICTIONNAIRE DE L'AMOUR, à l'usage des gens
du monde, par A. VÉMAR. 1 vol. in-18 . . . . 1 fr.
NOUVEAU CODE DE L'AMOUR, à l'usage des gens du monde,
par A. VÉMAR. 1 vol. in-18 . . . . 50 c.
LE JARDINIER DES SALONS, par YSABEAU. 1 vol. in-18, orné
de jolies gravures. . . . . 1 fr.
LE MÉDECIN DE TOUT LE MONDE A LA MAISON, par le doc-
teur AL. VALTIER. 1 vol. in-18. . . . . 1 fr.
L'ORACLE DES DAMES ET DES DEMOISELLES, par ÉZÉCHIAS.
2e édition. 1 vol. in-18 . . . . 50 c.
LA CHIROMANCIE, études sur la main, le crâne, la face, par
J. ANDRIEU. 1 vol. . . . . 1 fr.
HYGIÈNE DES FUMEURS, par LEMERCIER DE NEUVILLE et
VICTOR COCHINAT. 1 vol. . . . . 50 c.
LA MORT, par FONVIELLE . . . . 50 c.
RIEN A METTRE, ou CRINOLINE ET MISÈRE, poëme de WIL-
LIOEM ATLEM BUTLER, trad. par ALBERT LEROY. . . . . 30 c

PARIS. — IMP. SIMON RAÇON ET COMP., RUE D'ERFURTH, 1.

Figure de Mazurka polonaise.

Les deux chaines anglaises sur les quatre faces en carré, et les chaines en diagonale croisées

GUIDE COMPLET

DE

LA DANSE

CONTENANT

**Le Quadrille — la Polka-Mazurka
la Redowa — la Schottisch
la Valse — le Quadrille des Lanciers
toutes les figures du Cotillon et la Mazurka polonaise
avec la musique**

PAR GAWLIKOWSKI

PROFESSEUR DE DANSE A

QUATRIÈME ÉDITION, REVUE ET CORR

PARIS

LIBRAIRIE DE JULES TARIDE

2, RUE DE MARENGO, 2

1870

Droits de traduction et de reproduction réservés.

PRÉFACE

PRÉFACE

Il est de bon goût maintenant de s'étendre dans les préfaces sur leur parfaite inutilité; le préambule n'est plus cette insinuation par laquelle on arrive adroitement au sujet, et l'on semble s'étudier à n'y rien dire, dans la crainte, apparemment, que le lecteur qui passe les premiers feuillets ne fasse une trop grande perte en ne les lisant pas. Nous nous conformerons donc à l'usage. C'est bien voici quélques li-

gnes de griffonnées ; supposons la page entière noir-
cie. A merveille ! Voici la formule remplie et la
préface terminée. De ma plus belle main, j'écris
donc pompeusement ce titre :

QUADRILLE FRANÇAIS

Et je commence : *Pour exécuter cette danse,
quatre couples.........* Non ! il n'en sera pas ainsi.
Dussé-je paraître le plus inconséquent des profes-
seurs, c'est-à-dire celui qui prend le ton de l'enseignement même dans ce qui n'est pas de son
domaine, je déchargerai ici ma tête alourdie de
ses études d'hier ; je crierai que Pindare, dans son
lyrique délire, disait : Jupiter *danseur ;* que Platon,
qui chassait la poésie, appelait à lui la *danse ;* je ne
veux pas mourir d'érudition rentrée ! C'est que j'a-
vais rêvé un petit chapitre que j'aurais intitulé.
Notes pour servir à une conversation sur la danse.
Puis j'avais déclaré ce titre prétentieux ; j'avais re-

poussé l'idée comme vaine et ambitieuse, et voici qu'elle revient s'imposer à moi !

Mais je me console en me disant : J'appelle sur moi tous les reproches de pédantisme, heureux si dans ce que j'ai à grand'peine amassé le lecteur rencontre un seul détail qui lui plaise, pierre brute à laquelle son imagination trouvera des facettes inattendues.

Si je ne craignais de remonter au déluge et même un peu plus haut, je dirais qu'on soupçonne le fils de Caïn, qui inventa la musique, d'avoir aussi créé la danse. Quelle était cette danse ? On peut penser qu'elle différait peu de celle qui célébra l'heureux passage de la mer Rouge, où Marie, sœur d'Aaron, à la tête des chœurs des femmes d'Israël sorties de leurs demeures, une cymbale à la main, chantait : « Gloire à Jéhovah ! il a renversé dans la mer le cheval et le cavalier. »

C'est la danse sacrée. Voulons-nous deux exem-

ples opposés l'un à l'autre pour bien définir la sacrée
et la profane, et tous deux pris dans la sainte Écri-
ture ? Un Père grec nous dira : « Dans ton amour des
joies et des fêtes, s'il faut absolument que tu danses,
soit : tu peux danser ; mais que ce ne soit pas la
danse horrible d'Hérodiade, qui lui valut comme ré-
compense la tête de Baptiste, mais la sainte allé-
gresse de David autour de l'arche arrêtée ! »

Les dieux, la vaillance, les plaisirs, voilà les sources
grecques de l'art de Terpsichore. La Grèce aura
donc et la danse sacrée et la danse guerrière, et
les danses qui prendront les divers caractères de ce
peuple-protée.

Voulez-vous voir danser des déesses ? Le vieil
Hésiode ouvre ainsi son poëme *de la Nature des
dieux :*

« C'est aux Muses de l'Hélicon qu'il faut adresser
les prémices de nos chants. Grande et divine est la
montagne qu'elles habitent. Autour d'une fontaine
noire (à cause de la nuit) et de l'autel du puissant

Saturne, dansent leurs pieds nus et tendres. C'est en sortant leurs beaux corps des eaux du Permesse qu'elles allèrent conduire des chœurs admirables sur le sommet de l'Hélicon. Trépignant avec force, dans l'élan de la danse, avec l'épaisse atmosphère pour voile, elles s'avançaient la nuit, et laissaient monter leurs voix harmonieuses : elles célébraient Jupiter qui porte l'égide et Junon vénérable. »

Ne dirait-on pas qu'Hésiode, au pied de la montagne, a écouté leurs chants quand elles se penchaient dans l'espace pour se faire entendre de lui, et qu'à la lueur d'une étoile il a entrevu leurs danses?

La danse sacrée des Grecs, que nous voyons là dans son enfance, est la seule que Platon approuve, et c'est à elle que Lucien donne pour première origine les chœurs des astres, la conjonction des planètes et des étoiles fixes et leurs admirables concerts.

Maintenant Homère peut nous montrer ses guer-
riers dansant pour se désennuyer de la longueur
du siége de Troie; à son magique appel, les femmes
apparaissent sur le seuil de leurs portes, et elles re-
gardent l'épousée conduite par la ville et les jeunes
gens qui chantent : Hyménée! Hyménée ! former des
rondes au son de la flûte et de la lyre.

Quoi de plus célèbre que le bouclier qu'à la prière
d'une déesse Vulcain façonna pour Achille ! Eh bien,
ce sont des *danses,* ce sont des *chœurs* de jeunes
garçons et de jeunes filles qui y sont ciselés et qui
en font tout le prix aux yeux du bon Homère. Pour
répondre aux chants d'un poëte divin qui s'accom-
pagne de sa lyre, des danseurs s'avancent au milieu
des rondes qui tournent comme la roue du potier,
et ils pirouettent ainsi que des premiers sujets
d'Opéra.

A propos de l'Opéra, si nous lui joignons la Co-
médie-Française, où l'on joue parfois encore la
ragédie ; si à ces deux premiers théâtres on ajoute

les autres théâtres et les concerts, nous aurons les plaisirs du Parisien dispersés aux quatre coins de la capitale. En Grèce, la poésie (avec le drame et les chants lyriques), la danse et la musique se réunissaient en une trilogie, et emplissaient une seule scène et composaient une seule pièce. Sophocle, par exemple, faisait le drame, et, pour préparer les événements et reposer des émotions, sans aller chercher l'aide d'un autre poëte, il intercalait la superbe poésie de ses chœurs. Les choristes, pour employer la locution moderne, étaient un groupe de jeunes filles ou bien de vieillards, sages représentants d'une nation. Ils dansaient circulairement dans un sens pour chanter la strophe, et pour l'antistrophe ils tournaient en sens opposé. La musique perdue de ces chants lyriques n'était pas à dédaigner, puisque c'est de cette école de musiciens que sortit Timothée, qui faisait passer à son gré le grand Alexandre des cris aux sanglots et des pleurs au rire. Voilà comment les Grecs entendaient l'entr'acte !

L'harmonie, c'est là le secret de l'art grec. Pour ne pas déformer leur visage, les comédiens portaient des masques. Et même dans le combat, à cet instant où le moindre de nos soucis est le souci de la beauté de nos poses, ils voulaient frapper en cadence ; témoin l'inscription thessalienne : *Le peuple élève une statue à Élation, pour avoir bien* DANSÉ *un combat.* Les Spartiates, que la flûte et les chants de Tyrtée conduisaient à l'ennemi, puisaient dans leur continuel exercice de la danse cette précision de mouvements qui en faisait les plus redoutables des soldats.

A l'époque de Lucien, triste temps où la Grèce fournissait à Rome des sophistes et des histrions, les jeunes gens encore ne prenaient pas une leçon de lutte qu'ils ne la terminassent par une danse. Pindare, qui s'est immortalisé en célébrant les vainqueurs du pugilat et à la course de chars, ne dédaignait pas de composer des chansons exclusivement consacrées à la danse. Que l'on dise donc à Rossini de faire la musique d'une poésie qu'aurait faite Lamartine, air et chant qu'entonnerait en dansant un chœur de jeunes garçons et de jeunes filles !

Mais aussi la danse, entendue ainsi, a été proclamée *irréprochable* par le bon Homère, qui, sans la séparer des chants de la lyre, et l'unissant à la vaillance et à la prudence, en fait une des trois qualités du héros.

Je m'arrête; car je vais ressembler à Lucien et à ceux qui, avec lui, se sont passionnés pour cet art. Comme eux, je pourrais paraître prêt à dire que, pour être un danseur consommé, il faut avoir toutes les perfections corporelles des statues grecques et faire mouvoir en maître *la colère, la passion et la raison*, trio de qualités qui, réunies, font des poëtes de la puissance d'Homère. J'ai voulu seulement montrer dans le génie grec, comme trait distinctif, l'union de tous les beaux-arts, entente parfaite qui donnait pâture aux yeux, aux oreilles et à l'esprit.

Je n'ai pas parlé de leurs danses de caractère. On peut imaginer où pouvait descendre le peuple

qui divinisait les passions, qui déjeunait avec Dio-
gène et soupait chez Aspasie. L'Athénien, par exemple, venait d'écouter gravement Platon; il courait
ensuite rire aux *Nuées* d'Aristophane qui traînait
dans la fange Socrate, le maître du disciple tout à
l'heure applaudi. Qu'il me suffise de dire qu'il est
certaines danses qu'Aristophane se défendait d'avoir
fait danser à sa muse. Il est pourtant une danse
d'une exquise délicatesse que mentionne Lucien,
le *Collier :* le danseur y déploie la force et l'adresse
de l'homme; la danseuse, la grâce de la femme.

C'est là une exception.

Le Midi cherchera toujours les passions jusque dans
ses plaisirs. Je n'étonnerai donc pas en disant que
l'*Angrismène*, danse voluptueuse que les Grecs mo-
dernes ont conservée de leurs ancêtres, offre plus
d'un rapport avec la *Chica* des nègres; que cette
Chica, rapportée par les Espagnols de leurs voyages
a pu leur inspirer le Bolero, le Fandango, la Cachu-
cha; que ces danses espagnoles ont fait fureur en

France, et n'ont eu, au seizième siècle, d'autres rivales que les danses italiennes. Je pourrais aussi faire entrevoir les siècles du moyen âge : dans ce temps où, suivant la révélation de Victor Hugo, les penseurs pensaient avec la pierre, parlaient par les églises gothiques, les serfs, eux, tout entiers à la danse Macabre, écrivaient par leurs contorsions, montraient par leurs rondes infernales leur haine des seigneurs et leur amour de la sorcellerie libératrice.

Étudierai-je les causes qui ont fait passer aux danses du Nord l'empire que tenaient celles du Midi, et succéder la *Mazurka*, la *Polka*, la *Valse*, au Menuet, à la Choccone ?

Non ! j'ai hâte d'exprimer toute ma douleur de voir la décadence de mon art en France.

J'invoque la médecine, j'allais dire Esculape ; j'appelle à mon secours la tradition qui nous montre les Napolitains, dans les évolutions d'une Tarentelle effrénée, faisant sortir de leurs pores, ouverts par la transpiration, le venin de la morsure de la tarentule. Capitaine Cook, venez nous dire comment vous préveniez la maladie à bord de votre vaisseau; pourquoi vos matelots, sur votre ordre, dansaient-ils la Hornpipe, peut-être plus vive que la Tarentelle? Eumène, vaillant défenseur d'Alexandre et de sa famille, dis-nous ton stratagème; dis qu'assiégé dans une citadelle tu maintins gras, et robe luisante de santé, tes chevaux en attachant leur bride à un pilier et en les faisant sauter et danser à coups de fouet. Cela ne suffit pas ? Qu'un docteur ouvre ses livres, qu'il feuillette des dictionnaires et qu'il nous apprenne que, seule de tous les exercices du corps, la danse développe autant le buste que les membres, donne autant de force que de grâce.

Las ! rien n'y fait. Nous ne sommes pas encore, il est vrai, arrivés à pouvoir nous écrier comme ce Turc qui voyait, après un Menuet, un seigneur du siècle dernier s'essuyer le front : « Vous dansez vous-même ! nous, nous faisons danser. » Mais déjà nous avons résolu le problème de danser sans pas,

c'est-à--dire sans danser. Ce n'est pas aux jennes
Français que l'on pourrait dire ce qu'aux jeunes
Grecs disait le refrain d'une chanson : « En avant,
jeunes gens, allongez la jambe et divertissez-vous
bien ; » c'est-à-dire, dansez le mieux possible.

En France, on ne peut se divertir en dansant bien,
un proverbe s'y oppose : *Le plaisir est ennemi de la
gêne.* »

GUIDE COMPLET

DE

LA DANSE

QUADRILLE FRANÇAIS

Qui se douterait maintenant que c'était dans le Quadrille qu'autrefois tout bon danseur devait se signaler, et que, pour créer cette danse, devenue si simple qu'on la laisse aux enfants, il a fallu la réunion des efforts successifs de plusieurs coryphées, en même temps musiciens remarquables? Celui qui persisterait à vouloir considérer le Quadrille comme la danse nationale ferait une injure gratuite au goût français. Qu'il dise seulement, comme nous, qu'en France on ne sait rien garder de ce qui peut avoir un cachet de nationalité.

Il n'est plus de vrai quadrille. Celui-là s'en est allé avec les salons immenses des hôtels spacieux, avec cette recherche qui portait le danseur de ville à rivaliser avec le danseur de théâtre. Il nous a étourdi avec la monotonie de ses cinq éternelles figures. A l'engouement a succédé l'indifférence, aux pas élégants jusqu'au raffinement les pas négligés jusqu'à la prétention. Il n'est resté qu'une danse bénigne qui repose des évolutions de la Polka, du vertige et de la sentimentalité de la Valse, une sorte de promenade symétrique, de causerie agréable, où le cavalier fait briller son esprit et la dame sa parure ; quelque chose enfin de modeste, qui demande un coin d'un salon déjà exigu, après avoir empli une salle de château ; qui délasse après avoir fatigué, et qui, tant qu'on dansera, aura sa place, comme tout ce qui est un terrain neutre où divague la fantaisie de chacun.

DESCRIPTION DU QUADRILLE FRANÇAIS

Il se compose de cinq figures.

Quatre couples, les dames étant à droite des cavaliers, s'avancent et se placent en carré. Le couple qui part le premier est le couple n° 1, son vis-à-vis le n° 2 ; le couple de droite le n° 3, celui de gauche le n° 4.

PREMIÈRE FIGURE

Le Pantalon.

Le pantalon commence par une *chaîne anglaise* entière, exécutée par deux couples qui se font vis-à-vis, continue par un *balancé* des cavaliers à leurs dames (16 mesures). Puis les deux dames de vis-à-vis s'avancent en se donnant la main pour faire la *chaîne des dames*, allée et retour par lesquels elles reviennent trouver leurs cavaliers (8 mesures). Ensuite elles vont exécuter avec eux une *demi-promenade* et une *demi-chaîne anglaise*, pour que chacun regagne sa place (8 mesures).

Même figure pour les deux autres couples n° 3 et n° 4.

DEUXIÈME FIGURE.

L'Été.

L'été se compose d'un *avant-deux* [1], deux fois répété par le cavalier n° 1 et la dame n° 2 du vis-à-vis (8 mesures). Puis ils traversent pour changer de place et refaire un *avant-deux*, un seul, cette fois

---

[1] Les en avant-deux s'exécutent en allant légèrement à droite, et les traverses en obliquant un peu à gauche.

(8 mesures) ; ensuite ils reviennent chacun à sa place (8 mesures). Pendant ce traversé, la dame n° 1 et le cavalier n° 2, laissés seuls, *balancent.* Puis c'est à leur tour de faire cette figure.

Même figure pour les deux autres couples n° 3 et n° 4.

TROISIÈME FIGURE.

La Poule.

Le cavalier n° 1 et la dame n° 2 du vis-à-vis arrivent assez lentement [1] l'un vers l'autre pour se donner la main gauche (8 mesures). Les mêmes donnent aussi leur main droite, le cavalier n° 1 à sa dame laissée à sa place, la dame n° 2 à son cavalier resté jusque-là sans avancer. Ils forment ainsi une chaîne, et tous quatre, ils balancent (4 mesures) ; puis ils se dédoublent couple par couple pour traverser et changer de place en exécutant une *demi-promenade* (4 mesures) ; ensuite le cavalier et la dame qui ont figuré au commencement de la figure font un double *avant-deux* qui se complique par un *avant-quatre*, terminé lui-même par une *demi-chaîne anglaise*, pour regagner chacun sa place (16 mesures). Ensuite c'est au cavalier n° 2 et à la dame n° 1 de recommencer.

---

[1] Dans l'origine, au lieu de cette lenteur qui est de mode aujourd'hui, il y avait un double traversé qui remplissait les 8 mesures ; il faut maintenant attendre l'instant de se donner les mains.

Même figure pour les deux autres couples.

QUATRIÈME FIGURE.

La Pastourelle.

Le cavalier n° 1 conduit sa dame en avant et en arrière, puis la reconduit une deuxième fois, et recule à sa place après l'avoir laissée au cavalier n° 2 du vis-à-vis, qui la reçoit de la main gauche et qui donne sa main droite à sa propre dame (8 mesures). Ainsi placé au milieu des deux dames, ce second cavalier, qui était resté seul, fait avec elles un *avant-trois*, puis recule, avance une deuxième fois et les laisse à son partenaire (8 mesures), le premier cavalier[1]. Celui-ci exécute à son tour, accompagné des deux dames, la figure, c'est-à-dire qu'il répète deux fois l'*avant-trois* (8 mesures).

Les quatre personnes se donnent la main pour faire un *demi-rond* à gauche, qu'elles font suivre d'une *demi-chaîne* pour regagner leur place (8 mesures). C'est au couple n° 2 de faire la contre-partie de cette figure.

Même figure pour les autres couples.

[1] On voit que deux fois un cavalier reste seul dans la Pastourelle ; d'abord le cavalier n° 1, ensuite le cavalier n° 2. Autrefois le danseur saisissait cette occasion, où il était en vue de tous, pour déployer toutes les grâces de son art. Il exécutait en quelque sorte un solo de danse.

Nota. Autrefois, le second en avant-trois était remplacé par un solo, c'est-à-dire le cavalier allait seul deux fois en avant et en arrière.

CINQUIÈME FIGURE.

Finale.

La *finale* se compose, comme la deuxième, l'*été*, de deux *avant-deux* [1] et d'un *traversé*, puis d'un autre *avant-deux* et d'un autre *traversé*, enfin d'un retour à sa place pour balancer.

C'est ainsi qu'on finit le Quadrille dans les bals officiels et dans les grands salons; mais, en petit comité, avec ses intimes, au lieu de répéter l'*été*, on fait le *galop* ou la *saint-simonienne*.

Les deux cavaliers de vis-à-vis, n° 1 et n° 2, tenant leurs dames par la taille ou bien croisant leurs mains avec elles, exécutent un galop en passant à la droite l'un de l'autre et décrivent ainsi un cercle un peu allongé (8 mesures). Une fois à leurs places, ils avancent et reculent couple par couple, puis les cavaliers changent à la fois de dame et de place (8 mesures).

---

[1] Autrefois l'avant-deux était précédé d'un *chassé-croisé* dont la musique n'est pas supprimée. Et maintenant, pendant ces huit mesures, les danseurs attendent l'instant de commencer l'avant-deux.

Suit alors la *chaîne des dames* (8 mesures). Avec leurs dames changées, ils s'avancent l'un vers l'autre et reculent. Et, reprenant enfin leurs dames et leurs places (8 mesures), ils recommencent le galop et la figure.

Même figure pour les deux autres couples, n° 3 et n° 4.

De l'ordre de départ des couples. — Il n'y a d'autres règles pour déterminer quel couple ouvrira le Quadrille que celles que dicte la bienséance. Si la maîtresse de maison danse, si quelques personnes d'âge ou d'importance participent au Quadrille, c'est au couple dont elles font partie à donner le signal. Quelquefois encore, en cas de grande incertitude, l'usage tranche la difficulté en faisant partir le premier le couple voisin de l'orchestre.

Ce premier pas franchi, reste à savoir, pour l'*été*, qui des deux couples vis-à-vis (qui à la première figure sont partis ensemble) commencera cette fois le premier. Les mêmes embarras se renouvellent ; ils sont surmontés de la même façon, et, le couple n° 1 ainsi fixé, le Quadrille se poursuit sans encombre.

Les figures expliquées, il me reste à développer les termes techniques employés à l'occasion de ces figures.

Chaîne anglaise.

Les deux couples qui se font face s'avancent l'un vers l'autre, puis cavaliers et dames se quittent les mains pour pouvoir passer les uns entre les autres. Le rôle des cavaliers est d'obliquer un peu à leur gauche, c'est-à-dire en dedans, pour que les dames puissent traverser en dehors. Les couples ont ainsi changé de place et n'ont fait qu'une *demi-chaîne anglaise*. En refaisant de la même manière le *traversé*, chaque couple revient à sa place, et, pour finir, le cavalier et la dame doivent se faire face pour *balancer*.

Le *balancé* ne consiste plus guère maintenant qu'en un salut légèrement prononcé de la part des cavaliers. On a supprimé le tour de main qui autrefois le complétait.

Chaîne des dames.

Les deux dames n° 1 et n° 2 traversent en se donnant la main droite, puis elles mettent leur main gauche dans la main gauche du cavalier n° 2 du vis-à-vis, et exécutent alors un tour à gauche. Puis les deux dames reviennent se donner la main droite; elles redonnent aussi la main gauche à leurs cavaliers. Mais

la mode, dans le monde, a supprimé le tour qu'on
exécute la première fois.

Promenade.

La *demi-promenade*, que l'usage anciennement
appelait du nom étrange de *demi-queue du chat*,
consiste dans le cercle à droite que font en traversant
dame et cavalier en se donnant la main gauche pour
changer de place. S'ils revenaient de la même manière à leur place primitive, ils exécuteraient la *promenade* entière

QUADRILLE DES LANCIERS

—∞—

Le Quadrille des Lanciers, comme le Quadrille ordinaire, se compose de cinq figures; mais il ne se danse qu'à huit personnes. Vouloir augmenter ou diminuer le nombre des couples, ce serait détruire le caractère de cette danse. On se place comme pour le Quadrille français. Le couple qui est devant le cavalier qui part le premier prend le n° 2, celui qui est à sa droite le n° 3, celui de gauche le n° 4. L'orchestre joue quatre fois les quatre premières figures et huit fois la dernière.

PREMIÈRE FIGURE.

Le Dorset ou les tiroirs.

Le cavalier du couple n° 1 et la dame du couple vis-à-vis qui a le n° 2 vont en avant et en arrière (4 mesures), s'avancent de nouveau pour faire un tour de mains (4 mesures), et reviennent chacun à sa place. Le même cavalier n° 1, pour exécuter les *tiroirs*, prend de sa main droite la main gauche de sa dame, avec laquelle il passe au milieu du couple n° 2, et celui-ci pendant ce temps traverse en les laissant passer. Les deux couples ont ainsi changé de place et se retournent l'un vers l'autre. Alors le cavalier qui a passé en se retournant de la gauche à la droite de sa dame revient avec elle en dehors, pour que le cavalier n° 2, qui tient, cette fois, dans sa gauche la droite de sa dame, passe au milieu (8 mesures). Ensuite chaque cavalier fait deux saluts (le premier à gauche, le second à droite) à la dame de gauche, qui répond par deux révérences, et, après un tour de main avec la même dame de gauche, il revient à sa place.

Contre-partie par le couple n° 2.

Même figure pour les couples n° 3 et n° 4.

DEUXIÈME FIGURE.

La Victoria ou les lignes.

Le couple n° 1 part en avant deux fois, mais à la seconde fois le cavalier laisse sa dame en face de lui près du cavalier vis-à-vis n° 2, et il recule lui-même à sa place (8 mesures). Tous deux chassent à droite et à gauche (4 mesures), puis font un tour de mains par lequel la dame se place à côté du cavalier de droite n° 3, et le cavalier près de la dame de gauche n° 4. Au même instant le couple de vis-à-vis n° 2 se sépare également pour se placer comme celui-ci, la dame à droite et le cavalier à gauche. Tous les couples ainsi forment deux *lignes* (4 mesures); puis ils vont en avant et en arrière, tous les huit. Chaque cavalier de sa main droite prend la droite de sa dame pour revenir à sa place (8 mesures).

Contre-partie pour le couple n° 2.

La même figure pour les couples n° 3 et n° 4.

TROISIÈME FIGURE.

Le moulinet ou la double chaine des dames.

La dame du couple n° 2 s'avance seule. Le cavalier conducteur n° 1 avance à son tour. Puis ils font, le cavalier un salut, la dame une révérence prolongée (8 mesures). Ensuite les quatre dames se donnent les mains droites pour former le *moulinet* et faire un demi-tour, après lequel elles donnent leur main gauche aux cavaliers qui leur font face, et font avec eux un *tour de mains*, comme dans la *chaîne des dames* du Quadrille français (8 mesures). Elles reforment encore le *moulinet* pour aller à leurs places exécuter un *tour de mains*, mais cette fois avec leurs cavaliers respectifs (4 mesures).

Contre-partie pour le couple n° 2.

Même figure pour les couples n° 3 et n° 4.

QUATRIÈME FIGURE.

Les visites ou les révérences à droite et à gauche.

Le couple n° 1 va en visite au couple de droite n° 3, les cavaliers des deux couples saluent et les dames font la révérence (4 mesures). Le même cavalier et la même dame n° 1 vont également en visite au couple de gauche n° 4; saluts et révérences (4 mesures), après lesquels ces couples n° 1 et n° 4 font deux *chassés-croisés*, l'un à droite, l'autre à gauche, suivis chacun d'un balancé [1] (4 mesures); puis *chaîne anglaise* du couple n° 1 avec le couple de vis-à-vis n° 2 (8 mesures).

Contre-partie pour le couple n° 2.

Même figure pour les couples n° 3 et n° 4.

N. B. La visite se fait aussi double, c'est-à-dire deux couples partent à la fois.

CINQUIÈME FIGURE.

Les Lanciers ou la grande chaîne plate.

La *grande chaîne plate* ouvre les *Lanciers;* elle prend 8 mesures. Pour l'exécuter, les cavaliers donnent d'abord leur main gauche [2] à leurs dames, puis vont sur leur droite offrir alternativement leurs

---

[1] La mode, qui a déjà tant simplifié le balancé, l'a supprimé cette fois et remplacé par un repos.

[2] Faire la chaîne plate de la main gauche est une innovation qui appartient aux Lanciers. Elle se fait ordinairement de la main droite.

mains droite et gauche. En même temps, les dames partent sur la gauche et donnent alternativement leurs mains gauche et droite. Et quand, au milieu de la chaîne, le cavalier et la dame d'un couple se rencontrent, saluts et révérences, qui se renouvellent quand, la chaîne faite, ils arrivent à leurs places.

Le cavalier conducteur, tenant de sa main droite la main gauche de sa dame, se retourne en faisant une petite promenade et en obliquant à droite, puis revient à sa place, où il tourne le dos à son vis-à-vis le couple n° 2 (4 mesures). Le couple de droite n° 3 arrive ensuite se placer derrière lui (2 mesures); le couple de gauche n° 4 en fait autant (2 mesures); le n° 2, lui, est tout naturellement placé dans cette position. Et chaque couple alors exécute un *chassé-croisé* à droite et à gauche et un *balancé* [1] après chaque chassé-croisé (8 mesures). Après quoi les cavaliers font une promenade en dehors et à gauche, les dames également en dehors, mais à droite. Ils reviennent ensuite à leurs places pour former leurs deux lignes comme avant [2]. Les quatre couples, dont les cavaliers sont sur une ligne et les dames sur une autre, font en avant et en

---

[1] Voir la première note de la page 55.
[2] Les dames et les cavaliers doivent, en arrivant à leur place, laisser assez d'espace entre eux pour pouvoir exécuter l'avant-huit.

arrière un *avant-huit* en avant et en arrière (4 mè-sures) et un tour de mains pour reprendre leurs places (4 mesures).

Contre-partie pour le couple n° 2.

Même figure pour les couples n° 3 et n° 4.

On termine la cinquième figure et les *Lanciers* avec elle par la *grande chaîne plate*.

MAZURKA

C'est dans la Mazurka que les Polonais révèlent leur originalité. Pour leur verve créatrice rien n'est déterminé, ni l'ordre des figures, ni l'enchaînement des pas ; il n'y a pas de loi là ou règne l'imagination. On comprend qu'une telle incertitude ne peut aller avec cet amour des choses faciles que l'on a en France. Placé entre ces deux écueils, décrire la Mazurka qui serait trop polonaise, c'est-à-dire trop difficile, ou bien faire une Mazurka qui, trop simplifiée, n'en serait plus une, je me contenterai de donner la description des pas. Quant aux figures, je renvoie aux figures du Cotillon-Mazurka.

Je me bornerai à rappeler que la musique es^t

d'un mouvement animé et d'une expression fière,
que le nombre des motifs est laissé au caprice du
compositeur, que chaque figure est toujours précé-
dée et suivie d'une *promenade* et d'un *holubiec*, et
que l'on commence la Mazurka par un grand rond à
gauche (8 mesures), puis à droite (8 autres mesures).

La PROMENADE se compose de ces évolutions, de
ces circuits, de ces tours faits en serpentant ou en
ondulant, qu'exécute le cavalier en tenant de la
main droite la main gauche de sa dame. C'est dans
la *promenade* comme dans l'*holubiec* (nous le décri-
rons parmi les pas), que se décèle tout bon danseur
de Mazurka

PREMIER PAS.

Pas glissé ou de la Mazurka.

On saute légèrement sur le pied droit en avançant
et en glissant (4e position) assez en avant le pied
gauche (1er et 2e temps); puis on relève le pied droit
derrière, également à une certaine distance (3e temps),
pour recommencer de l'autre pied.

DEUXIÈME PAS.

Pas de Basque polonais.

On saute sur le pied droit en passant la jambe gauche en avant. On la tient en l'air, puis on la pose à terre en la glissant en avant (1er et 2e temps). Ensuite on rapproche d'elle le pied droit en donnant un petit coup de talon pour relever aussitôt le pied gauche devant (3e temps) : ce qui, en terme technique, s'appelle *coupé-dessous*.

TROISIÈME PAS.

Pas appelé boiteux.

Comme pour le premier pas de la Mazurka, on saute légèrement sur le pied droit en glissant le pied gauche en avant, à la 4e position (1er et 2e temps) ; puis on rapproche le pied droit du gauche en donnant un petit coup de talon, et on relève aussitôt le pied gauche devant (3e temps). On continue en attaquant toujours du même pied.

QUATRIÈME PAS.

Pas polonais.

S'exécute toujours du même pied dans les promenades, et des deux pieds alternativement dans les ronds.

On frappe du talon gauche le talon droit; on éloigne le pied gauche, en termes de l'art, à la 2e position (1er et 2e temps); on rapproche ensuite le pied droit en le glissant près du gauche (3e temps).

Ce troisième temps s'exécute aussi avec un nouveau coup de talon du droit contre le gauche.

CINQUIÈME PAS.

1° L'Holubiec en avant ou le Tour sur place en avant.

Pour terminer les *promenades* et préparer l'exécution de l'*holubiec*, le cavalier, tenant sa dame de la main droite, la fait passer dans son bras gauche, en levant aussitôt la jambe droite en arrière. Dans cette position, il commence l'*holubiec* en laissant tomber et en portant la jambe droite à la *quatrième position devant;* puis il pivote et fait un changement de pied sur les deux pointes (1er et 2e temps); il relève aussi la jambe droite en arrière, en la tenant assez éloignée (3e temps).

Ce pas s'exécute quatre fois de suite.

2° L'Holubiec en arrière ou le Tour sur place en arrière.

Le cavalier, tenant sa dame dans son bras droit, porte le pied gauche *en arrière* pour faire une assemblée, pivote et fait un changement de pied su les pointes (1er et 2e temps); puis il relève la jambe gauche un peu tendue (terme technique : *sissonne tendu*).

N. B. Dans la Mazurka polonaise, les promenades sont toujours suivies et du tour de place en avant et du tour de place en arrière.

Quant à l'enchaînement des pas, il est laissé au goût du danseur. S'il est assez maître de lui pour pouvoir s'abandonner à l'entraînement de l'inspiration, non-seulement il saura passer, sans un air emprunté, d'un pas à un autre, mais il en créera de nouveaux qui porteront l'empreinte de sa personnalité. Nous nous bornerons à lui dire que le *pas boiteux* et le *pas polonais* conviennent surtout aux rondes, et que les promenades s'accommodent de tous les autres. Mais ne fixons pas de règles là où il ne faut que de l'indépendance. Ainsi, si le danseur se sent assez de hardiesse, il saura, entre les pas, intercaler des repos, sans perdre de vue la mesure, donner fièrement son double coup de talon et mettre de l'originalité et une certaine aisance belliqueuse dans les ondulations de la *promenade.*

La dame doit seconder, par une sorte de divination, les inspirations de son danseur. Elle supprime les coups de talon du *pas de Basque*, et l'entremêle, au gré de sa fantaisie, de petits pas courus et glissés. Elle exécute *l'holubiec* en avant quand le cavalier le fait en arrière, et *vice versâ.*

VALSE A TROIS TEMPS

— ∞ —

POSITION DU CAVALIER ET DE LA DAME.

Le cavalier se place en face de sa dame ; de son bras droit il tient sa taille, et de la main gauche il prend sa main droite. La Valse à trois temps s'exécute en avant, en arrière, sur place, soit par caprice, soit par quelque empêchement qui survient. Elle se danse le plus généralement à droite, mais les danseurs qui ne redoutent pas la difficulté peuvent valser à gauche.

DESCRIPTION DU PAS.

Le cavalier passe le pied gauche devant sa dame (1er temps); il rapporte ensuite le pied droit derrière le pied gauche (2e temps); puis il pivote sur les deux pieds en montant légèrement sur les pointes pour ramener le pied droit devant (3° temps); il porte le pied droit en avant (4e temps), glisse le pied gauche de côté, en ayant soin d'aller légèrement en avant, de manière à dépasser un peu le pied droit (5e temps)[1], et il ramène le pied droit devant (6e temps).

La dame fait le même pas, mais en partant du pied droit.

Ces six temps que nous avons décrits forment deux pas de Valse et prennent deux mesures.

Pour avertir sa dame, le cavalier fait précéder le pas d'une préparation.

Cette préparation consiste à poser le pied droit en

[1] Il faut, en passant le pied gauche en avant, tourner un peu sur le pied droit pour préparer le 6e temps. Passer le pied gauche en avant est une condition si essentielle pour bien valser, c'est-à-dire bien tourner et faire tourner sa dame, que ceux qui *chassent* au lieu de passer le pied gauche ont les plus grandes difficultés à vaincre. C'est une remarque que j'ai eu l'occasion de ne faire que trop fréquemment.

avant (1ᵉʳ temps), à rester dans cette position pendant le deuxième temps, puis, pour le troisième, à
sauter légèrement sur le même pied droit, en levant aussitôt la jambe gauche en avant; c'est alors
que l'on commence le pas de Valse, pour lequel on
n'a qu'à poser le pied gauche.

VALSE A DEUX TEMPS

—∞—

La musique est la même que celle de la Valse à trois temps ; seulement elle doit être exécutée sur un mouvement plus pressé et plus accentué.

POSITION DU CAVALIER.

Le cavalier ne doit pas se placer en face de sa dame, comme dans la Valse à trois temps ; mais, la tenant par la taille, il doit avoir le soin de plier lé-gèrement les genoux, de se placer à sa droite et de s'incliner un peu sur son épaule droite, position qui lui donne la facilité de l'entraîner et de se lancer hardiment.

PRÉPARATION DU PAS.

Double glissé-chassé du même pied.

DESCRIPTION DU PAS.

La Valse à deux temps devrait s'appeler Valse à deux pas, puisque, étant à trois temps, elle se compose de deux pas dont le premier, le *glissé*, prend les deux premiers temps de la mesure et laisse le troisième au second pas, le *chassé*, seule différence avec le pas du *galop*, où le *glissé* et le *chassé* se font chacun pendant un temps. On a longtemps prétendu et on prétend encore que la Valse à deux temps devait se valser à contre-mesure. C'est une erreur; car les deux pas doivent compter dans la mesure, l'un pour une blanche, l'autre pour une noire.

Le cavalier glisse le pied gauche pendant les deux premiers temps de la mesure (valeur d'une blanche dans la mesure à trois-quatre), puis, pour le troisième temps et le deuxième pas, il rapproche le pied droit pour chasser son pied gauche. Même pas du pied droit.

La **dame** fait le même pas en partant du pied droit.

Cette **Valse** s'exécute à droite, à gauche, en allant en avant, en arrière. Le cavalier qui doit conduire doit préférablement valser en avant, et la dame qui est conduite valse alors en arrière. Mais, si le cavalier s'est assuré qu'il n'y a pas ou n'y aura pas d'obstacle, il pourra aller en arrière, et cette fois la dame ira en avant.

POLKA

—∞—

La musique est à deux-quatre, d'un mouvement modéré.

Le pas peut se décomposer en quatre parties, s'exécutant chacune en un temps.

Le cavalier, ayant le pied gauche levé près de la jambe droite, saute légèrement sur le pied droit et glisse aussitôt le pied gauche en avant (1er temps); il ramène ensuite le pied droit derrière (2e temps); puis il saute sur le pied gauche en avant (3e temps), et lève la jambe droite derrière en la rapprochant de la cheville, et il reste dans cette position encore

4

un temps, ce qui fait le 4e et dernier temps. Alors il repart de l'autre jambe.

Si on voulait employer les termes techniques, on s'exprimerait ainsi :

Sauter sur le pied droit ; *glissé* du pied gauche en avant (1er temps) ; *coupé dessous* du pied droit (2e temps) ; *jeté* du pied gauche ; *levé* de la jambe droite (3e temps) ; rester dans cette position pour le quatrième temps.

La Polka s'exécute suivant l'impulsion du cavalier à droite, à gauche, en avant, en arrière.

N. B. Maintenant la mode remplace le saut du premier temps par un petit *glissé*.

SCHOTTISCH

La musique est sur une mesure à deux-quatre ou à quatre; le mouvement est modéré; mais il faut que la composition musicale soit bien rhythmée, et surtout que le quatrième temps soit accentué.

DESCRIPTION DU PAS.

Le pas comporte seize temps ou quatre mesures.

Le cavalier glisse le pied gauche (1er temps) : il reporte le pied droit derrière le talon gauche (2e temps); il fait un *jeté* du pied gauche (3e temps); ensuite il saute un peu sur le même pied (4e temps); puis il refait ces quatre temps en partant du pied droit, ce qui fait huit temps. Et il complète les seize temps, qui font quatre mesures, par huit temps de *sauteuse*, c'est-à-dire qu'il saute deux fois alternativement sur chaque pied.

Le pas de la dame est le même, sauf qu'elle part du pied droit.

REMARQUE.

On voit que le premier pas de la Schottisch est un pas de Polka allongé et suivi d'un petit saut.

Quant au pas de sauteuse, j'ai prévu l'effroi que causeraient au bon goût les huit petits sauts, et, en les remplaçant par quatre *glissés* et *chassés* alternatifs, comme dans la Valse à deux temps, j'ai eu le bonheur de voir cette légère innovation bien accueillie de la société. Et, à peine importée en France, la Schottisch se dansait dans les salons ainsi modifiée.

POLKA-MAZURKA

La musique est à trois-quatre, d'un mouvement lent; cette danse se compose pour le cavalier et la dame de *valses* à droite et à gauche, de *poursuites* réciproques et de *balancés*. Le pas, qui, comme le nom de la danse l'indique, est un pas de Mazurka suivi d'un pas de Polka allongé, exige du compositeur cette condition générale de ne pas mettre dans sa musique de valeurs inégales, comme une noire pointée et une croche, et de faire toujours sentir les trois temps dans sa mélodie. Le pas convient à ces différentes figures

DESCRIPTION DU PAS

Le cavalier glisse le pied gauche de côté (1er temps), rapporte le pied droit contre le talon gauche et aussitôt lève le pied gauche en avant (2e temps), puis il ramène en l'air ce pied gauche derrière en sautant légèrement sur le pied droit (3e temps); le quatrième et le cinquième temps ne sont que la répétition du premier et du deuxième. Pour le sixième, comme dans la Polka, on tombe sur le pied gauche en relevant la jambe droite en arrière; ce qui fait six temps et deux mesures pour l'exécution du pas complet. Refaire le même pas de l'autre jambe.

Les dames partent, elles, du pied droit; c'est la seule différence de leur pas avec celui des cavaliers.

Pour accoutumer le lecteur aux termes techniques, voici le pas expliqué en quelques lignes.

Glissé (1er temps); *coupé dessous* (2e temps); *fouetté derrière* (3e temps); *glissé* (4e temps); *coupé dessous* (5e temps) ; *jeté devant* (6e temps).

RÉDOWA

La musique est à trois-quatre d'un mouvement plus lent que celui de la Valse à trois temps.

POSITION.

Celle de la Valse à trois temps.

PAS

Le cavalier en s'enlevant légèrement sur le pied droit passe en tournant un peu le pied gauche devant,

ce qui, en terme technique, s'appelle : *jeté du pied
gauche*; puis il ramène, et en le glissant, le pied droit
derrière et un peu éloigné, à la quatrième position
(1er et 2e temps); il reporte ensuite le pied droit
devant (3e temps); après quoi il exécute le *pas de
Basque* du pied droit, en rapportant le pied droit
devant, à la troisième position. (Voir *Mazurka*,
page 41.)

La dame fait le même pas, seulement elle commence par le pas de Basque.

N. B. Dans le pas de Basque de la Mazurka, les
trois temps sont bien distincts et égaux, ce qui convient à l'énergie de cette danse; mais dans la Rédowa,
dont la nature est d'être lente et gracieuse, les deux
premiers temps doivent être presque fondus ensemble, de sorte que le *glissé* semble la prolongation du
premier.

PRÉPARATION DU PAS.

Glissé (1er et 2e temps); rapporter le pied droit, sur
equel on saute légèrement et lever aussitôt le pied
gauche en avant (3e temps); terme technique, *coupé
dessous.*

FIGURES DE LA RÉDOWA.

Cette danse s'exécute en *poursuites réciproques*, en valses et en *balancés*, comme la Valse à deux temps.

Quand, il y a une dizaine d'années, en introduisant la Rédowa dans le monde, j'en publiai la description et la musique, les poursuites et les balancés avaient un pas particulier; mais la société aime, dans tout ce qu'on lui soumet, à faire les changements qui favorisent ses aises ou, pour mieux dire, son amour des choses faciles; et maintenant les poursuites, comme les balancés, s'exécutent avec un seul et même pas, celui que nous avons décrit.

Seulement, dans le balancé, le pas de Basque se fait de côté, à gauche et à droite.

DU COTILLON

—co—

Le Cotillon est cette danse qui emprunte à quelques-unes des danses que nous avons exquissées leurs plus belles figures, qui en ajoute d'autres dont le nombre varie suivant le caprice; c'est cette charmante conclusion d'une soirée qui en résume toutes les émotions et tous les plaisirs. Que l'on suppose quelque sauvage contempteur de la danse transporté au milieu d'un salon, si alors la Polka ne l'a pas entraîné, si la Valse ne l'a pas attiré dans ses orbes gracieuses, si la Mazurka ne l'a pas rempli d'une ardeur presque belliqueuse, soyez convaincu qu'il ne restera pas sans être intérieurement sensible au charme du Cotillon. Car, pour le Cotillon, les danseurs lassés retrouvent leurs forces, les lustres versent de nouvelles cascades de lumière; fleurs, robes et visages reprennent une dernière splendeur, qui est celle du bal qui va finir.

Pour former un Cotillon, on s'assied en demi-cercle; mais la fête est complète quand il y a assez de couples dansants pour que le cercle soit entier.

Et même on veille bien à ranger les siéges le plus près du mur possible pour laisser une plus large arène aux évolutions de cette armée dansante.

A toute armée il faut un chef, et ce général, qui est le *cavalier conducteur*, doit établir son empire et faire exécuter les figures de sa fantaisie sans prendre une voix sonore et soldatesque ou bien le pédantisme du savant.

Il part le premier avec sa dame, exécute la figure de son choix, et la manière dont il l'exécute doit être un enseignement, car le second couple la répète, puis le troisième, et ainsi de suite.

C'est au cavalier conducteur à bien faire suivre les figures par gradation de difficulté; à lui de commander à l'orchestre pour la variation des airs; à lui de bien choisir l'instant pour indiquer le changement de figure. Dans son goût de bon danseur et d'ordonnateur de cette sorte de ballet, et dans l'entière soumission des autres couples, reposent l'entrain et l'animation du Cotillon

Ce n'est pas dans ce résumé que je prétendrais montrer toutes les règles du Cotillon, ni au cavalier conducteur qui sait, ni même aux autres danseurs qui, en voyant l'exécution, mieux que dans un livre, en comprendront le mécanisme et l'agencement : trouver et faire pour l'un, imiter pour les autres, voilà en quoi consiste le Cotillon.

Je n'ai eu d'autre intention que de grouper par ordre de difficulté quelques figures, les principales. C'est un thème dont l'imagination du cavalier conducteur fera les variations; et, pour les autres cavaliers, ce sera une sorte d'apprentissage pour mériter le grade du conducteur du Cotillon.

Certaines figures sont enfantines, d'autres compliquées. Au cavalier conducteur de faire un agréable bouquet où la fleur simple et la fleur composée se mélangent et s'alternent. Le nombre, la force, les dispositions des danseurs, les nécessités de l'heure et du local, les mille circonstances qui peuvent donner carrière à l'imprévu, devront influencer et varier son choix. Pour les noms des figures, j'ai cru devoir conserver ceux qui étaient le plus répandus dans le monde, sans en chercher d'autres ou plus simples ou plus exacts.

COTILLON-MAZURKA

Après la promenade et l'holubiec par le couple conducteur et le couple invité, les deux couples se placent vis-à-vis l'un de l'autre; puis, en avançant, les cavaliers changent de dame, et, avec les dames changées, ils exécutent la promenade suivie de l'holubiec; après quoi ils se replacent de nouveau en face l'un de l'autre, pour que chaque cavalier reprenne sa dame et la reconduise à sa place en exécutant la promenade suivie de l'holubiec.

Même figure pour les autres couples.

DEUXIÈME FIGURE (A TROIS COUPLES).

Départ simultané de trois couples. Promenade et holubiec. Choix d'une dame par chaque cavalier et d'un cavalier par chaque dame. Les cavaliers forment alors un moulinet en se prenant la main gauche et en unissant le bras droit au bras gauche de leurs dames. Le premier, le troisième, le cinquième cavalier, dansent dans les intervalles, c'est-à-dire entre les ailes du moulinet, et pendant ce temps les autres couples marchent avec lenteur. Puis, à un signal, c'est aux couples marchant de danser, et à ceux qui dansaient de s'arrêter et de marcher en se donnant les mains pour former le moulinet. Promenade et holubiec.

Même figure pour les autres couples.

TROISIÈME FIGURE (A DEUX COUPLES).

Après la promenade et l'holubiec par le couple conducteur et le couple invité, les deux cavaliers s'avancent l'un vers l'autre, et, quittant leurs dames, ils se donnent le bras gauche à la saignée. Ils font ainsi un demi-tour pour changer de dame, et, avec les dames changées, ils exécutent la promenade suivie de l'holubiec. Puis les cavaliers se redonnent le bras gauche pour reprendre de la même manière leurs dames, avec lesquelles ils exécutent, en les reconduisant à leur place, la promenade et l'holubiec.

Même figure pour les autres couples.

QUATRIÈME FIGURE (A TROIS COUPLES).

Promenade et holubiec par les trois couples. Chaque cavalier choisit une dame, et *vice versâ*, et l'on dispose un moulinet. Puis, à un moment donné, les dames avancent d'un cavalier et continuent ainsi le moulinet. Puis, à un autre signal, les cavaliers, à leur tour, avancent d'une dame jusqu'à ce que chacun ait retrouvé sa dame. Promenade et holubiec.

Même figure pour les deux autres couples.

CINQUIÈME FIGURE (A DEUX COUPLES).

Après la promenade et l'holubiec, le couple conducteur et le couple invité forment le moulinet: les cavaliers, se plaçant en croix, se donnent, ainsi que leurs dames, la main droite. Dans cette position, dames et cavaliers tournent à gauche (4 mesures), puis, en changeant de mains, reviennent à droite (4 mesures). Après quoi les cavaliers changent de dames pour exécuter avec elles la promenade et l'holubiec. Ensuite la figure se recommence pour que les cavaliers reprennent leurs dames, qu'ils reconduisent à leur place, en finissant par la promenade et l'holubiec.

Même figure pour les autres couples

SIXIÈME FIGURE (A DEUX COUPLES).

Après la promenade et l'holubiec, chaque cavalier choisit une dame, et *vice versâ*. Les quatre couples ainsi formés se placent comme pour le Quadrille, et les dames se détachent des cavaliers, qui reviennent à leur place pour former un moulinet. Elles font un tour, puis vont donner la main gauche à leurs cavaliers pour faire l'holubiec. Elles retournent former le moulinet, et, à chaque tour de moulinet, elles vont prendre un cavalier, mais en remontant d'un rang, jusqu'à ce qu'elles aient retrouvé celui du commencement de la figure. Promenade et holubiec.

Même figure pour les autres couples.

SEPTIÈME FIGURE (A DEUX COUPLES).

Après la promenade et l'holubiec par le couple conducteur et le couple invité, les deux couples font *l'avant-quatre* sur une face. Les cavaliers quittent leurs dames pour prendre les deux mains des dames de leurs partenaires, avec lesquelles ils font quatre pas de côté sur les ailes (*chassé ouvert*). Là, ils quittent seulement la main gauche de leurs dames, et changent de face, ainsi qu'elles, par un quart de tour, chacun sur soi-même; puis ils recommencent *l'avant-quatre* de manière à avancer vis-à-vis de leurs propres dames, qu'ils reprennent de la main droite pour exécuter sur la première face la *chaîne anglaise double* (8 mesures). Puis les cavaliers changent de dame pour faire la promenade et l'holubiec; après quoi on recommence la figure, que les cavaliers terminent en reprenant leurs dames et en les reconduisant à leur place par la promenade et l'holubiec.

Même figure pour les autres couples.

HUITIÈME FIGURE (A QUATRE COUPLES).

Promenade et holubiec. Les quatre couples se disposent comme pour le Quadrille. Chaque cavalier des deux couples de vis-à-vis, en gardant sa dame, prend de la main gauche chaque dame du couple de gauche, qui laisse, de cette manière, son cavalier à sa place. Les deux cavaliers de vis-à-vis, au milieu chacun de leurs deux dames, s'avancent au-devant l'un de l'autre, et reculent (4 mesures).

Alors, pour changer en quelque sorte la face de la figure, les cavaliers de vis-à-vis envoient aux cavaliers de gauche les dames qu'ils avaient à leurs côtés, en les faisant croiser et en faisant passer la dame de gauche sous leur bras droit. Les deux nouveaux cavaliers de vis-à-vis, ayant chacun deux dames à leurs côtés, recommencent la figure, qui se répète quatre fois. Promenade et holubiec.

Même figure pour les autres couples.

NEUVIÈME FIGURE (A TROIS COUPLES).

Promenade et holubiec par le couple conducteur et les deux couples invités. (Pour exécuter l'holubiec,

les trois couples forment un triangle qui doit être
plus symétrique possible.) Nouvelle promenade et
nouvel holubiec par le couple conducteur seul, dont
le cavalier alors laisse sa dame pour aller prendre la
main du cavalier et celle de la dame du couple de
droite, et faire ainsi à trois un rond à gauche. Puis,
levant son bras gauche qui tient le bras droit de la
dame, de la main droite il fait passer le cavalier
dessous. Celui-ci va à son tour faire le même rond
avec l'autre couple (le troisième), qui est également
à sa droite, et faire passer de même sous son bras le
troisième cavalier, qui vient trouver la dame du
couple conducteur laissée par son cavalier seule à sa
place, pour exécuter avec elle la promenade et l'holubiec. Ensuite cette dame reste encore seule à sa
place pendant que le troisième cavalier va à son tour
exécuter le rond à trois. La figure se continue par
les mêmes personnes jusqu'à ce que le cavalier conducteur revienne près de sa dame. Promenade, holubiec par les trois couples

Même figure pour les autres couples

DIXIÈME FIGURE (A TROIS COUPLES).

Après la promenade et l'holubiec exécutés par le
couple conducteur et les deux couples invités, les

dames se donnent la main droite pour former au centre le moulinet, en tournant à gauche (4 mesures) ; pendant ce temps, les cavaliers, sans se donner la main, tournent à droite, au dehors, jusqu'à ce que chacun ait rencontré sa dame pour lui faire faire un demi-tour de main, et, prenant ainsi, au centre, sa place au moulinet, tourner à gauche (4 mesures). Les dames, qui, cette fois, par ce demi-tour, ont été placées au dehors, sans se donner les mains, tournent à droite. Le moulinet recommence par les dames qui reviennent au centre et les cavaliers qui vont au dehors. Enfin, revenant pour la deuxième fois au centre, les cavaliers prennent de la main droite la main gauche de leurs dames, pour leur faire regagner leur place par une promenade suivie d'un holubiec.

Même figure pour les autres couples.

ONZIÈME FIGURE (A DEUX COUPLES).

Promenade et holubiec. Chaque cavalier garde sa dame et en choisit une autre qu'il prend de la main gauche. Les cavaliers se placent en face l'un de l'autre, avancent, reculent avec leurs dames (4 mesures) ; puis ils avancent encore une fois, mais en laissant les dames à leurs places. Les deux cavaliers font alors un tour entier, en se croisant le bras droit à la saignée ; puis ils vont faire un autre tour avec leurs dames, en leur donnant le bras gauche de la même manière. Nouveau tour avec les bras droits croisés. Puis ils croisent le bras gauche, pour faire un tour avec la dame choisie. Après, ils exécutent une promenade avec la dame primitive et la dame choisie. Arrivés près de la place de cette dernière dame, ils l'y envoient en la faisant passer sous leur bras droit. La promenade se continue avec la première dame et se termine par un holubiec.

Même figure pour les autres couples.

DOUZIÈME FIGURE (A TROIS COUPLES).

Après la promenade et l'holubiec par le couple conducteur et les deux couples invités, on forme un rond à six ; on tourne à gauche (4 mesures), puis à droite (4 mesures) [1]. Alors le cavalier, qui tient de la main droite sa dame et de la gauche une dame partenaire, recule en les entraînant avec lui, de manière à rompre en deux le rond, et la dame partenaire qui lui fait face recule pareillement en en-

[1] On peut ne faire qu'un tour.

traînant les deux autres cavaliers. Ensuite le cavalier et ses deux dames, la dame et ses deux cavaliers, avancent au-devant l'un de l'autre, puis reculent. Après quoi ce cavalier et cette dame s'avancent seuls pour faire un tour de main droite. Le tour fait, ils se quittent et vont donner leur main gauche, le cavalier à sa dame qui se trouvait à sa droite, la dame à son cavalier qui se trouvait également à sa droite, et font, ainsi placés, un nouveau tour. Ils reviennent encore au milieu faire un tour de main droite, et vont faire encore un tour de main gauche avec l'autre dame et l'autre cavalier, ce qui complète l'X. Cet X achevé, ils font un troisième tour de main, et se retrouvent, le cavalier au milieu de ses deux dames, la dame au milieu de ses deux cavaliers. On s'avance alors *en avant six*, de manière que chaque cavalier reprenne sa dame, qu'il reconduit à sa place par la promenade et l'holubiec.

Même figure pour les autres couples

TREIZIÈME FIGURE (A TROIS OU QUATRE COUPLES).

Promenade et holubiec. Choix d'une dame par chaque cavalier et d'un cavalier par chaque dame. Rangs successifs de deux cavaliers en face desquels se forment deux par deux les rangs des dames. Les deux premiers cavaliers et les deux premières dames font, en rond, un tour entier à gauche. Au moment où ce tour va s'achever, les cavaliers lèvent les bras pour laisser passer dessous les dames, qui vont faire, en rond, un tour semblable avec les deux cavaliers suivants. Pendant ce temps, les deux premiers cavaliers ont été tourner avec les deux dames suivantes, et, en épuisant les rangs des dames, ils arrivent à prendre le rang des dernières dames. Semblablement les deux premières dames sont arrivées à occuper la place des deux derniers cavaliers Deux lignes opposées se forment, l'une, celle des cavaliers, par les cavaliers qui viennent se placer en ligne près des premiers cavaliers; l'autre, celle des dames, par les dames qui viennent se ranger près des premières dames. Les deux lignes s'avancent (4 mesures), reculent (4 autres), s'avancent de nouveau pour que chaque cavalier prenne la dame du vis-à-vis, pour finir par une promenade et un holubiec.

Même figure pour les autres couples

QUATORZIÈME FIGURE (A UN COUPLE).

Promenade et holubiec. Le cavalier prend deux dames, et sa dame deux cavaliers; et chacun d'eux va former, en face l'un de l'autre, un rond à trois. Ils font un tour rapidement. Mais soudain le cavalier lève son bras droit et celui de la dame de droite, et sous cet arceau il fait passer la dame de gauche et exécute une promenade avec la dame conservée. Dans l'autre rond, le cavalier de gauche est passé sous le bras droit de la dame et du cavalier resté, qui font ensemble une promenade. La dame et le cavalier chassés des ronds se rejoignent et font à leur tour une promenade. Promenade et holubiec.

Même figure pour les autres couples.

QUINZIÈME FIGURE (A QUATRE COUPLES),

Après la promenade et l'holubiec, exécutés par le couple conducteur et les trois couples invités, les quatre couples se placent en face l'un de l'autre, en rectangle ou carré long, c'est-à-dire deux couples sur une ligne et deux couples sur l'autre. Chaque couple, dans cette position, exécute, avec le couple qui lui fait face, une demi-chaîne anglaise. Les cavaliers, qui, pour faire cette demi-chaîne, avaient quitté la main gauche de leurs dames, la reprennent, font un demi-tour sur eux-mêmes et passent leur bras droit sous le bras gauche de leurs dames pour

les prendre par la taille et exécuter ainsi l'holubiec;
mais cette fois l'holubiec se fait en arrière et non en
avant, comme il s'était fait jusqu'ici. Après quoi les
couples recommencent la demi-chaîne anglaise et
l'holubiec, mais sur une autre face et en regar-
dant un autre couple ; ainsi de suite jusqu'à ce que
les. quatre couples se retrouvent à leurs places pri-
mitives. Puis ils refont la chaîne anglaise, mais en
diagonale et croisée; c'est-à-dire qu'après chaque
demi-chaîne et pendant l'holubiec des deux couples
partis les premiers, les deux autres à leur tour
commencent la *chaîne*. Lorsque les chaînes [1] en-
tières sont terminées, les cavaliers reconduisent
leurs dames par la promenade suivie de l'holubiec.

Même figure pour les autres couples.

SEIZIÈME FIGURE (A UN COUPLE).

Promenade et holubiec. Le cavalier fait passer sa
dame à sa gauche, en la changeant de main. De sa
main droite restée libre, il prend une autre dame et
avec toutes les deux il continue la promenade. Arrivé
en face de la place de la dame choisie, faisant tour-

[1] Les chaînes peuvent être remplacées par des chaînes des
dames.

ner les deux dames sur elles-mêmes, il leur fait faire un tour-sur-place à gauche, en les prenant par la taille (il doit avoir conservé sa dame de la main gauche et tenir l'autre de la main droite). Alors, levant son bras et celui de sa dame, il fait passer sous cet arceau la dame choisie, qu'il remet ainsi à son cavalier.

Même figure pour les autres couples.

DIX-SEPTIÈME FIGURE (POUR TOUS LES COUPLES).

Une des figures finales du Cotillon-Mazurka.

Tous les couples du Cotillon forment un rond général. Tour à gauche (4 mesures). Tour-sur-place en avant de chaque cavalier (4 mesures), qui, en le terminant, laisse sa dame à gauche. On recommence le rond (4 mesures). Nouveau tour-sur-place de chaque cavalier, qui transporte ainsi à sa gauche la dame qu'il a prise à sa droite, ce qui se répète jusqu'à ce que chaque cavalier ait retrouvé sa dame.

Promenade et holubiec pour tous les couples

DIX-HUITIÈME FIGURE (PAR TOUS LES COUPLES).

AUTRE FIGURE FINALE.

Le cavalier conducteur avec sa dame part en promenade, et fait du geste et de la voix une invitation brève et successive à tous les couples, de se suivre les uns les autres. Quand tous les couples se trouvent, par ordre d'invitation, placés en rond, on exécute l'holubiec. Puis les cavaliers, tenant de leur main droite la main gauche de leurs dames, leur font faire un demi-tour sur elles-mêmes, de manière a les placer dos à dos et assez rapprochées les unes des autres. Les cavaliers, qui se trouvent en dehors, et en face des dames, prennent de la main droite la main droite de leur dame respective, puis de la main gauche la main gauche de la dame partenaire voisine. Dans cette position, ils forment un rond qu'ils agrandissent, les cavaliers en reculant, les dames en avançant. On recommence. Ensuite, le rond étant développé une dernière fois, on fait la grande chaîne plate, comme dans le quadrille des *Lanciers*, mais en commençant par se donner la main droite jusqu'à ce qu'on ait retrouvé sa dame pour exécuter le rond général (8 mesures) à gauche, puis (8 mesures) à droite. Après ce rond général, le conducteur et sa dame, pour organiser les ronds successifs, partent en promenade suivie de l'holubiec; ils vont donc prendre un second couple avec lequel ils forment un rond à quatre (4 mesures). Puis le cavalier conductenr quitte la main de la dame du deuxième couple, retourne sur lui-même et fait serpenter la file des trois autres personnes du rond à quatre, pour aller prendre un troisième couple et former avec lui un rond à six. Il retourne encore sur lui-même, quitte de nouveau la dame de gauche, et, le rond à huit fait, il recommence ensuite pour réunir le cinquième, le sixième, et enfin tous les couples.

On peut intervertir l'ordre et faire d'abord les ronds progressifs, puis les dos-à-dos et enfin la chaîne plate.

La neuvième figure et le Cotillon-Mazurka avec elle finissent par l'holubiec exécuté par tous les couples.

REMARQUES GÉNÉRALES

Le nombre des couples peut varier,
Les 1ʳᵉ, 3ᵉ, 5ᵉ, 7ᵉ, 9ᵉ, 10ᵉ, 12ᵉ, 15ᵉ, 18ᵉ de ces figures forment un groupe qui s'est particulièrement

dansé dans le monde. La théorie de ces neuf figures vient de paraître séparément avec une musique
appropriée ; on la trouve, 18, rue de l'Ancienne-
Comédie, à l'adresse de mes cours. D'ailleurs, les
figures de ce Cotillon pourraient s'exécuter avec la
Valse ou la Polka.

COTILLON-VALSE

1° La présentation.

Après avoir valsé, le premier cavalier et sa dame se quittent pour choisir, l'un deux dames du cercle, l'autre deux cavaliers. Ils vont, l'un avec ses dames, l'autre avec ses cavaliers, se placer vis-à-vis et assez loin l'un de l'autre. Ils s'avancent, et, quand ils se sont joints, chaque cavalier, avec la dame qui lui fait face, exécute une Valse. Il peut y avoir un, deux, trois, etc., couples conducteurs qui s'élancent pour faire cette figure à côté les uns des autres, selon que le permet l'espace laissé aux danseurs.

2° Le rond brisé.

Départ du premier couple. Dame laissée au milieu du salon, pendant que son cavalier va chercher deux autres cavaliers avec lesquels il va former autour d'elle un rond à trois. On tourne très-vite à gauche. A un signal donné, la dame choisit un cavalier et valse avec lui. Si le Cotillon se fait dans l'intimité de la famille, les cavaliers dédaignés se donnent la consolation de valser ensemble.

3° Le nœud du mouchoir.

Valse d'un premier couple. La dame fait un nœud à l'un des coins d'un mouchoir. Elle présente le mouchoir à quatre cavaliers. Celui qui tombera sur le nœud valsera avec elle

4° Le chapeau et l'écharpe.

Départ du premier couple. La dame reste au milieu du salon, et son cavalier lui remet un chapeau.

Autour d'elle, tous les cavaliers marchent très-vite en rond et à gauche, mais en lui tournant le dos. La dame, pour marquer son choix, place le chapeau sur la tête d'un cavalier.

Les cavaliers refusés retournent à leur place, et le cavalier choisi valse avec la dame.

Mais, pour faire le pendant et occuper les dames restées inactives dans la figure précédente, un cavalier se met au milieu du salon; on lui a remis une écharpe, et il la donne à la dame qu'il a choisie parmi celles qui lui tournent le dos et font un rond autour de lui.

5° Le changement de dame.

Deux cavaliers valsent avec leurs dames; après plusieurs tours, ils en changent, puis reviennent aux premières. Il faut faire le changement sans que le pas ou la mesure en souffre.

6° Les fleurs.

Pendant que sa dame va chercher deux cavaliers, le conducteur choisit deux dames et les invite, a voix basse, à prendre pour nom le nom d'une fleur de leur choix. Il va avec elles trouver un autre cavalier, les présente et nomme les deux fleurs. Ce second cavalier valse avec la dame qui a le nom de la fleur nommée par lui, et le cavalier conducteur valse avec l'autre dame. La figure est répétée en même temps par la dame du cavalier conducteur; seulement, au lieu de fleurs, les cavaliers choisissent des noms d'animaux.

Il peut y avoir plusieurs couples conducteurs qui exécutent la même figure en même temps.

7° La chaise.

Le conducteur fait asseoir sa dame sur une chaise qui occupe le milieu du salon; il lui amène deux cavaliers pour qu'elle ait à choisir l'un deux pour valser avec lui. Le cavalier refusé s'assied, et c'est à son tour de choisir l'une des deux dames que le conducteur lui présente. La dame refusée est conservée par le conducteur, qui la reconduit en valsant à sa place. Il peut y avoir plusieurs conducteurs.

8° Les chaises.

Deux chaises sont placées dos à dos au milieu du salon. Le premier couple commence par la Valse ou la Polka. Puis le cavalier et sa dame font asseoir sur les chaises, l'un une dame, l'autre un cavalier. Le cavalier va ensuite chercher deux dames, et, les prenant chacune par la main, il va se placer devant la dame assise. De même sa dame, avec deux cavaliers qu'elle a été prendre et qu'elle tient par la main, se place devant le cavalier assis. Puis à un signal le cavalier conducteur prend la dame assise, sa dame le cavalier assis; les cavaliers que tenait la dame du premier couple vont prendre les dames du vis-à-vis que tenait le cavalier de ce premier couple. Ensuite valse. Après un tour de salon, on retourne à sa place. Il peut y avoir deux conducteurs et quatre chaises adossées.

9° Les dames assises.

On place encore deux chaises au milieu du salon. Deux couples partent en valse; après avoir fait asseoir leurs deux dames, les cavaliers en vont choisir deux autres, avec qui ils font le tour du salon. Après quoi, laissant ces dames, ils vont reprendre les premières pour les reconduire à leur siége par une Valse. C'est aux secondes dames à s'asseoir à leur tour. Pendant ce temps, leurs cavaliers, laissés dans le cercle, s'avancent et exécutent la même figure, et ainsi de suite. On aurait pu prendre trois ou quatre chaises et commencer par trois ou quatre couples

10° Les dos-à-dos.

Après la Valse, le cavalier conducteur laisse sa dame au milieu du salon. Puis il va chercher un autre cavalier qu'il adosse à sa dame; puis il amène une dame vis-à-vis de laquelle il adosse un cavalier, mais il a le soin de finir par une dame. A son signal, chacun se retourne, et les cavaliers partent en valsant avec les dames, pour les reconduire à leur place. On eût pu former une double haie avec deux couples conducteurs.

11° Le triangle.

Trois couples s'avancent ensemble en dansant. Puis chaque cavalier va choisir un autre cavalier, et chaque dame une autre dame. Le triangle se forme avec les six dames, qui se placent sur trois rangs. Le premier rang, qui est la tête du triangle, est formé d'une dame; le second, qui est le milieu du triangle, se compose de deux dames; le troisième, qui en est la base, comporte trois dames.

Le cavalier conducteur entraîne alors les cinq autres cavaliers, serpente derrière, puis entre dans le dernier rang, va le long du deuxième et arrive lui-même à la tête du triangle.

Là, il frappe des mains; et chaque cavalier emmène, eu dansant, à sa place la dame du vis-à-vis : s'il y eût eu cinq couples, les deux nouvelles dames en eussent été chercher deux autres, et toutes quatre eussent formé un quatrième rang au triangle.

Nota. Au lieu de faire un triangle comme le précédent, on peut le remplacer par une dame dans un angle du salon et par trois autres dames derrière elle. On nomme quelquefois cette figure le *serpent*.

12° Dame et roi.

Le premier cavalier offre à quatre dames les quatre dames d'un jeu de cartes. Les quatre rois de ce jeu sont présentés par la dame du premier couple à quatre cavaliers. Puis les cavaliers se lèvent et vont chercher les dames correspondantes... Le roi de pique valse avec la dame de pique, etc...

13° Le coussin.

Le cavalier fait le tour du cercle avec sa dame en tenant de la main gauche un coussin; puis il le lui

laisse pour qu'elle le présente à plusieurs cavaliers.
La dame les invite à poser le genou dessus; au moment où le cavalier s'apprête à obéir, elle retire vivement le coussin si elle veut le tromper ; mais, si
c'est le cavalier de son choix, elle le laisse tomber
devant lui, et valse avec lui.

14° Le solitaire.

Deux ou trois dames s'avancent ensemble, mais
ces couples se doublent, car chaque cavalier choisit
un cavalier, et chaque dame une dame. Seulement
le cavalier conducteur a le privilége de prendre deux
cavaliers. Les cavaliers et les dames vont former
deux lignes parallèles, toutefois en se tournant le
dos. Le cavalier conducteur , qui, en sa qualité de
général, se tient hors des rangs , fait un signal et
choisit une dame. Dames et cavaliers se retournent
pour danser ensemble, mais un cavalier reste soli-
taire, car le conducteur a pris sa dame. Il faut qu'il
se résigne à son sort, à moins qu'une dame, le prenant en pitié, ne valse avec lui.

15° La croix doublée.

Quatre couples partent ensemble et vont se dis-
poser en moulinet; les cavaliers se tiennent tous

de la main gauche et donnent leurs droites aux dames. Chaque dame fait signe à un cavalier de venir lui donner la main gauche. Les nouveaux cavaliers font signe aussi à de nouvelles dames, qui, se plaçant en rayon, doublent la croix.

Alors tous font un tour et, se séparant ensuite, regagnent, couple par couple, leur place en valsant.

16° Le grand rond.

Quatre couples s'avancent ensemble. Puis chaque cavalier va faire choix d'un autre cavalier, chaque dame d'une autre dame. Tous forment un rond, dont une moitié est formée par les cavaliers qui se tiennent par la main, et l'autre par les dames, de façon toutefois que le conducteur ait sa dame à sa droite. On tourne à gauche. Puis le conducteur s'avance avec sa dame, coupe le rond en séparant les cavaliers des dames; alors ils se séparent, le conducteur pour tourner à gauche avec tous les cavaliers, sa dame pour tourner à droite avec toutes les dames. Les cavaliers et les dames, après avoir décrit deux demi-cercles, mais en se tournant le dos, se retournent pour danser ensemble, le conducteur avec sa dame, le deuxième cavalier avec la deuxième dame, etc., jusqu'à ce que tous les couples se soient reformés.

Du reste, il peut prendre part à cette figure autant
de couples que le local le permet

17° Les quatre coins.

Soient quatre chaises disposées pour figurer les
quatre coins.

La première chaise doit être occupée par la dame
du premier couple, que son cavalier, le conducteur,
fait asseoir, après un tour de Valse. Les trois autres
chaises reçoivent les trois dames suivantes que le
même conducteur y fait asseoir. Toujours, comme
dans le jeu des Quatre Coins, un cavalier tient le
milieu des quatre chaises, et les dames cherchent à
échanger leurs siéges, non en courant, mais en se
donnant les mains. Si, pendant le trajet, le cavalier
s'empare de la chaise vacante, il valse avec celle
qu'il a dépossédée. A un autre cavalier de prendre sa
place au milieu, et à une autre dame de siéger sur
la chaise et de voir si elle sera plus heureuse. A la
fin, tous les cavaliers ont passé par la sellette du
milieu, sauf les cavaliers des trois dames restées assi-
ses. Alors ces trois cavaliers vont délivrer leurs dames
et les reconduisent en valsant à leur place.

de la main gauche et donnent leurs droites aux dames. Chaque dame fait signe à un cavalier de venir lui donner la main gauche. Les nouveaux cavaliers font signe aussi à de nouvelles dames, qui, se plaçant en rayon, doublent la croix.

Alors tous font un tour et, se séparant ensuite, regagnent, couple par couple, leur place en valsant.

16° Le grand rond.

Quatre couples s'avancent ensemble. Puis chaque cavalier va faire choix d'un autre cavalier, chaque dame d'une autre dame. Tous forment un rond, dont une moitié est formée par les cavaliers qui se tiennent par la main, et l'autre par les dames, de façon toutefois que le conducteur ait sa dame à sa droite. On tourne à gauche. Puis le conducteur s'avance avec sa dame, coupe le rond en séparant les cavaliers des dames; alors ils se séparent, le conducteur pour tourner à gauche avec tous les cavaliers, sa dame pour tourner à droite avec toutes les dames. Les cavaliers et les dames, après avoir décrit deux demi-cercles, mais en se tournant le dos, se retournent pour danser ensemble, le conducteur avec sa dame, le deuxième cavalier avec la deuxième dame, etc., jusqu'à ce que tous les couples se soient reformés.

20° Le drap mystérieux.

Un couple s'avance; tous les cavaliers du Cotillon vont se placer derrière un drap tendu par deux personnes, de façon à être cachés; mais ils laissent voir l'extrémité de leurs doigts. Le cavalier dont la dame touche le bout du doigt est le cavalier choisi.

21° Les mains mystérieuses.

Le contraire du précédent. Départ du premier couple. Ce sont cette fois les dames qui, dans une pièce voisine, sont enfermées par le cavalier, qui emprisonne même la sienne. Par la porte entre-bâillée, les dames glissent une de leurs mains. Autant de prisonnières (la première dame non comptée, autant de cavaliers amenés par le cavalier conducteur. Chaque cavalier choisit une main et délivre la dame pour valser avec elle. Le conducteur peut choisir une des mains mystérieuses.

22° Les quatre chaises.

On dispose quatre chaises au milieu du salon, en carré. Quatre couples s'avancent en valsant et vont

18° Le cavalier trompé.

Le cavalier conducteur va chercher quatre dames, qu'il place aux quatre coins du salon. Puis, avec cinq cavaliers, il va former un rond au milieu duquel sa dame vient se placer; on tourne à gauche. A un signal donné, la dame du milieu choisit un cavalier; les autres se précipitent sur les dames des quatre coins. Mais ils sont cinq, et il n'y a que quatre dames : il y a donc un cavalier victime.

19° Les zigzags.

Départ simultané de six à huit couples, et, couple par couple, ils se disposent en rang, en conservant une certaine distance et chaque cavalier ayant sa dame à sa droite. Puis le premier couple valse en serpentant autour de chaque couple, puis le second l'imite, et ainsi de suite jusqu'à ce que le premier couple ait repris, à la tête des autres, son rang de conducteur. Valse générale pour terminer.

la seconde, puis en revenant derrière la première, décrire un 8. Cette figure si simple à expliquer demande un valseur et une valseuse consommés pour l'exécution parfaite et géométrique du 8. Comme pour la *contredanse*, deux nouveaux couples peuvent remplacer les chaises et valser à leur tour derrière et entre les deux premiers couples.

25° Les couples refusés.

Le cavalier du premier couple qui vient de s'avancer met un genou en terre au milieu du salon. Sa dame va lui choisir plusieurs couples qu'elle lui présente, mais qu'il refuse l'un après l'autre. Les couples refusés ont été se ranger en haie derrière le premier cavalier, qui ne peut faire autrement que d'accepter enfin une dame dont le cavalier aussitôt s'est placé devant la haie. Le premier cavalier, en valsant, ramène cette dame à son cavalier, qui la reconduit à sa place en valsant également. La dame du premier cavalier, tout à l'heure agenouillé, était allée se réfugier derrière la haie. Le premier cavalier va valser successivement avec toutes les dames, et, quand il a épuisé toutes les dames de la haie qui ont disparu avec leur cavalier, il retrouve la sienne qu'il reconduit à son tour.

se placer chacun derrière une chaise. Puis, à un signal donné, chacun valse autour de sa chaise, puis passe à la suivante en allant toujours sur sa droite; tourne autour de cette nouvelle chaise, passe à la suivante, et ainsi de suite jusqu'à ce que dames et cavaliers regagnent leur place par une Valse finale.

23° La contredanse.

C'est la figure des *chaises;* seulement les couples non dansants font office de chaises. Soient quatre couples disposés comme pour le Quadrille. Le premier couple part, valse autour du couple de droite, puis autour du suivant, jusqu'à ce qu'il revienne à sa place. C'est au second couple d'aller ensuite tourner autour des autres, en allant toujours sur la droite; puis vient le tour du troisième et du quatrième couple. Quand tous les quatre couples ont fini, chacun de regagner sa place par une Valse finale.

24° Le huit.

A quelque distance l'une de l'autre, on place deux chaises; un couple s'avance. Il doit, en passant derrière la première chaise et en allant passer derrière

viennent alors relever de leur station inutile les cavaliers refusés et font avec eux un tour de Valse.

28° Les bouquets.

Des bouquets ont été déposés sur un meuble du
salon. Le cavalier et la dame du couple parti le premier prennent chacun un bouquet pour l'offrir, l'un
à une dame, et l'autre à un cavalier. Les deux nouveaux couples ainsi formés du premier regagnent
leur place après un tour de Valse.

29° Les gages.

Le cavalier du couple qui s'est avancé le premier
remet à sa dame un chapeau. Celle-ci, en le pré-
sentant à plusieurs dames, les engage à confier à sa
cavité des objets de forme et de valeur quelconques.
Puis elle présente le chapeau à plusieurs cavaliers,
qui en retirent un des gages. Ils vont chercher la
dame à qui le fétu appartenait et font avec elle un
tour de Valse. Il pourrait y avoir plusieurs couples
conducteurs dont chaque dame aurait répété la figure
des gages.

26° Les dames refusées.

Dans les salons où l'espace réservé aux danseurs n'est pas assez grand, au lieu que la dame amène un couple, elle ne fait que présenter une dame, et les dames se rangent en ligne derrière le cavalier agenouillé jusqu'à ce qu'il en accepte une pour valser avec elle. Les cavaliers restés à leur place accourent alors reprendre leurs dames et les reconduisent en valsant à leur place.

27° Les cavaliers refusés ou le coussin mobile.

Le cavalier du premier couple qui s'avance fait asseoir sa dame et a le soin de mettre sous ses pieds un petit coussin. Puis il va choisir dans le cercle du Cotillon des cavaliers qu'il amène à sa dame, en les invitant à mettre le genou sur le petit coussin. La dame indique son refus en retirant vivement le coussin. Les cavaliers refusés vont se ranger en ligne derrière la chaise de la dame. Enfin, pour énoncer son choix, la dame laisse son coussin immobile devant le cavalier qu'elle a choisi mentalement, et ils valsent ensemble. Les dames restées à leur place

32° Le colin-maillard.

Soient trois chaises placées au milieu du salon. Départ du premier couple dont le cavalier va chercher un autre cavalier, lui bande les yeux, pour le faire asseoir sur la chaise du milieu, et dont la dame amène un autre cavalier en marchant sur la pointe des pieds. Elle le fait asseoir dans une des chaises des extrémités, tandis qu'elle prend l'autre pour elle-même. Interpellé par le conducteur pour opter entre la droite ou la gauche, il valse avec la dame si le sort le fait tomber sur elle. Au cas contraire, il valse avec le cavalier ; mais le conducteur prend la dame pour valser avec elle.

33° Les cercles jumeaux.

Départ simultané de quatre couples qui se doublent par le choix que chaque cavalier fait d'une dame et chaque dame d'un cavalier. Rond des cavaliers à un bout du salon, rond des dames à l'autre. Seulement le conducteur s'est placé au milieu du rond des dames, et sa dame au milieu de celui des cavaliers. Chaque rond tourne à gauche. A un signal donné,

30° Les écharpes volantes.

On fait une croix avec deux écharpes nouées ensemble par le milieu. Quatre couples se disposent comme au jeu de bague ; les quatre pans de l'écharpe sont pris de la main gauche par les cavaliers, qui ont le soin de les élever au-dessus de leur tête. Les couples valsent en conservant cette position et en faisant voler les écharpes. À un signal donné, chacun regagne sa place.

31° L'éventail.

On dispose trois chaises sur une même ligne, celle du milieu tournée d'un sens, et celles des extrémités de la ligne dirigées en sens contraire. Le cavalier du couple qui est parti le premier fait asseoir sa dame sur la chaise du milieu et lui remet un éventail. Sur les deux autres chaises, il fait asseoir deux cavaliers. La dame alors offre l'éventail à l'un des cavaliers assis, mais valse avec l'autre. Le cavalier qui a reçu l'éventail doit, à cloche-pied, éventer le couple qui valse. Un verre de vin de Champagne remplace quelquefois 'éventail

35° La corbeille.

Le cavalier du couple qui part le premier fait le choix de deux dames, au milieu desquelles il se place. Et semblablement sa dame donne ses mains à deux cavaliers qu'elle a choisis. On s'avance (4 mesures) ; on recule (4 autres) ; on avance de nouveau. Alors le cavalier lève ses bras et ceux des dames qu'il tient par la main. Les cavaliers que tient la dame passent dessous, mais en conservant au milieu d'eux la dame du premier cavalier, qui se trouve arrêtée en face de lui, tandis qu'eux vont joindre les mains en passant derrière lui. Les dames choisies par le premier cavalier joignent semblablement leurs mains derrière la dame de ce premier cavalier. La corbeille est formée. Tour à gauche. Puis, à un signal donné, le premier cavalier repasse en se baissant sous les bras des deux cavaliers choisis par sa dame, et la dame numéro 1 sous les bras des dames choisies par son cavalier, et, comme on ne s'est pas quitté les mains, la corbeille se trouve transformée en rond à bras entrelacés. A un nouveau signal, on délie les bras pour unir les mains comme dans le rond ordinaire. On s'avance les uns vers les autres, de façon que chaque cavalier reprenne sa dame pour une Valse finale.

pendant que le conducteur choisit une dame pour valser avec elle, sa dame fait choix aussi d'un cavalier pour danser. Les ronds ainsi brisés se développent, et il y a une ligne de cavaliers et une ligne de dames qui s'avancent l'une vers l'autre pour que chacun valse avec son vis-à-vis. Cette figure admet un nombre de couples indéterminé.

34° Les bras enlacés.

Départ simultané de deux ou trois couples. Tour de Valse. Après que chaque dame a choisi un cavalier et chaque cavalier une dame, on forme un rond général. On avance, on recule (4 mesures). On avance encore, et, une fois près les uns des autres, les cavaliers unissent les mains en dessus et les dames en dessous. Les bras ainsi *enlacés,* on tourne à gauche. Alors le conducteur quitte la main du cavalier de gauche et donne cette main devenue libre à sa dame. Le cavalier de gauche fait de même. Le rond se développe sur une ligne. A un signal, les cavaliers lèvent leurs bras enlacés et laissent partir leurs dames en valsant. Poursuite des cavaliers après les dames. A un nouveau signal, les dames se retournent et retrouvent leurs cavaliers respectifs, qui ont dû es suivre par derrière. Valse finale pour regagner sa place.

les couples. Rond général. Les cavaliers forment un rond en dehors, tandis que leurs dames forment un rond en dedans, mais en laissant une assez grande distance entre eux pour qu'il y ait une sorte d'allée circulaire et tournante. Le cavalier conducteur et sa dame se détachent sans que le rond se rompe et s'engagent en valsant dans l'allée tournante. Arrivés en face de leur première place, ils se séparent, mais le cavalier pour entrer dans le rond des dames, sa dame dans celui des cavaliers. Chaque couple répète cette figure à son tour, et, le rond des cavaliers étant devenu celui des dames, et *vice versâ*, on termine par une Valse générale.

38° Le rond final.

Tous les danseurs et danseuses du Cotillon forment un rond général. Le conducteur et sa dame s'en détachent (et le rond doit se renouer aussitôt) pour valser au milieu. A un signal donné, le couple du milieu s'arrête, et la dame sort du cercle. Le conducteur choisit alors une autre dame, valse avec elle, puis sort à son tour du cercle, pendant que la seconde dame choisit un nouveau cavalier. Ce couple sortira du rond comme le premier, et la figure continuera jusqu'à ce qu'il ne reste plus que deux ou trois couples, cas où le rond est à peine possible. Valse par les couples restants pour finir.

REMARQUE GÉNÉRALE POUR LE COTILLON-VALSE.

Nous avons seulement indiqué la Valse pour commencer, accompagner, terminer chaque figure. La Valse peut être remplacée par la Polka, et même le Cotillon-Mazurka pourrait s'augmenter de toutes ces figures. Le cavalier conducteur avertit l'orchestre, et l'orchestre, par l'air qu'il attaque, avertit les danseurs de la danse qui doit ouvrir et fermer la figure.

CONCLUSION

A ce moment où, près de mettre la dernière main à son ouvrage, l'auteur termine en s'adressant, sous le voile de la modestie, des félicitations plus ou moins adroites, il me vient un scrupule, ou pour mieux dire une grande terreur. Il me semble entendre déjà le lecteur comparer l'exiguïté de l'œuvre et la présomption du titre : *Nouveau Guide complet de la danse,* dit-il en fermant le livre pour regarder la couverture. *Nouveau,* passe encore; mais *complet!* Le rire qu'il me semble entendre glace mon enthousiasme; car, en jetant les yeux sur ce même titre et sur cette même couverture, j'allais m'écrier :

Ces deux *adjectifs* joints font admirablement.

L'épithète de *complet*, à mes yeux, était un de ces mots qui, ainsi que ceux de l'arabe débité au bourgeois gentilhomme, en disent plus qu'ils ne sont gros. Mais je sens qu'il faut que j'en donne la traduction en simple langage : Je m'explique donc.

Le jeune homme qui veut se lancer dans le monde ne pense jamais avoir fait assez ample provision d'armes défensives et offensives. Or les armes de cette guerre toute conservatrice qui a pour théâtre un salon sont les agréments qui ont pour source l'art, la science ou l'esprit. A ce jeune homme mon adjectif *complet* dit : Dans ce petit livre est traité, effleuré, si vous voulez, tout ce qu'il importe de savoir sur la danse. C'est un *guide* que vous pouvez suivre. Ce *cicerone* parle peu : il ne vous ennuiera pas.

Sitôt qu'il apparaît une de ces fleurs, le plus souvent éphémères, qu'on appelle des nouveautés, mes confrères de province accourent comme des abeilles voyageuses. Puis, pour grossir leur butin, ils vont partout cherchant, partout fouillant, et souvent l'or qu'ils déterrent sous de pompeuses annonces dans la quatrième page des journaux n'est qu'un clinquant dédaigné. A ceux-là le mot *complet* en dit encore plus : les nouveautés qui ont résisté à l'épreuve du monde, qui ne sont pas restées confinées dans les salons de l'inventeur, sont toutes là décrites et expliquées. Une fraîche gloire qui date d'hier, c'est celle de *the Lancers*, ce Quadrille d'européenne renommée : vous avez ces figures longuement développées. Mais il fallait donner à ce petit recueil ce piquant, cet attrait si puissant pour l'esprit français : la nouveauté. Comme l'Indien, collant son oreille à terre pour savoir si ce frémissement qu'il entend est le pas d'un ennemi qu'il faut fuir ou d'une proie sur laquelle il faut bondir, j'ai prêté l'ouïe à tous ces bruits précurseurs des chutes ou des succès.

On parlait de Mazurka. Apprenant à droite, questionnant à gauche, j'ai fini par avoir foi en sa fortune. Voilà pourquoi j'ai cru ne pas devoir passer sous silence la danse polonaise.

Ce mot *complet* est quelque peu sorcier : il dit encore : Soyez convaincu que, si le monde adopte quelque innovation, ce livre voudra mériter son titre et s'augmenter de cette nouvelle danse.

Il me reste à parler du Cotillon. J'espère qu'on

trouvera dans les figures décrites matière à développements. J'aurais pu doubler le format par l'adjonction de cent autres ; mais j'aurais enlevé à ce guide l'avantage d'être portatif. Et, comme les figures de fond y sont toutes, comme chaque nouveau Cotillon dansé apprendra au danseur une ou plusieurs figures nouvelles, comme l'imagination de chacun peut augmenter le nombre de celles qui ne sont que d'agréables mystifications et de petits jeux d'espièglerie, j'ai cru devoir terminer là cet ouvrage, me rappelant cette maxime, vraie sous une forme paradoxale : Le mieux est l'ennemi du bien.

FIN

TABLE

MAZURKA POLONAISE

Composée pour Violon, par P. GAWLIKOWSKI.

MAZURKA POLONAISE

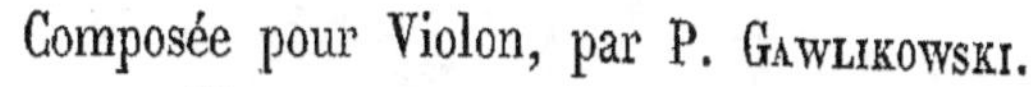